DESEOS DE ETERNIDAD

Francisco Baena Calvo

deseos de
ETERNIDAD

Francisco Baena Calvo

bubok
EDITORIAL

ISBN papel: 978-84-9916-847-0
ISBN digital: 978-84-686-8103-0

Depósito legal: M-29471-2010

Impreso en España
Editado por Bubok Publishing S.L

Índice

PRÓLOGO

No resulta fácil prologar lo que expresa el alma del poeta y menos cuando pone de manifiesto la hondura espiritual que le caracteriza.

En DESEOS DE ETERNIDAD encontramos ese anhelo de lo divino y lo humano que mueve a un sentido de justicia engendrado al calor de la Escritura: "...he oído el clamor de mi pueblo...." (Ex 3,7) y que Francisco Baena Calvo expone con fuerza y belleza literaria en su poema "ENCUENTRO MÍSTICO": "... Y el corazón de los pobres mira en el cielo una señal que deje patente el clamor de la justicia".

Su vitalidad interna, su gusto por el estudio le posibilita un conocimiento de la literatura de todos los tiempos que le lleva a que sus poesías vayan precedidas por el sentir de los grandes místicos, así como de los poetas, humanistas y teólogos que han ido marcando los pasos de la historia hacia una mayor comprensión del ser humano, de sus angustias y esperanzas. Fuentes en la que bebe el autor y desde la que da cauce a ese torrente abundante que le brota cada día de la contemplación de Dios y del mundo.

Francisco Baena tiene alma de profundo humanista, un interés por el hoy de la historia que le lleva en una de sus re-flexiones para la radio decir "cuando reces coge el breviario y el periódico". Su proyección trascendente nos alienta a vivir un cristianismo radical, propio de los amigos y seguidores de Jesús, que le lleva a descubrir si nuestra vida "cabe en el Padrenuestro".

Con Francisco Baena Calvo he recorrido caminos, he compartido el sabor amargo de una lágrima y la experiencia entrañable de la alegría. Ahora, al reflexionar y orar con "DESEOS DE ETERNIDAD" se afianzan mis anhelos y gusto por el Absoluto.

Doy gracias por este hermano y amigo, sacerdote, que sabe hacer de puente entre Dios y nuestro mundo.

María de la Luz Córdoba

INTRODUCCIÓN

Querido lector:

La dimensión espiritual ocupa un papel importante en la vida del creyente de ayer, hoy y siempre. Y el desarrollo integral del ser humano insiste en la integración de todas las dimensiones desde una perspectiva interdisciplinar y amplia.

La religión, hoy más que nunca, se inserta en la búsqueda de sentido global en la vida de los hombres y en el corazón de los hombres está la semilla de la eternidad, la sed del Eterno, la "llama encendida" que nos recuerda que el hombre es un "ser relacional" y que sólo desde esta dimensión de apertura al Otro encontrará respuesta de sentido al conjunto de la realidad, al curso de la historia y a la propias preguntas existenciales últimas.

Hago mías unas palabras de Wiesel, uno de los supervivientes del holocausto judío, Premio Nóbel de la paz: "No puedo concebir mi vida sin Dios. Mi relación con El va desde la confianza más auténtica a la rebeldía más manifiesta. Entiendo la vida contra Dios pero nunca sin Dios". Efectivamente, la vida de los humanos de todos los tiempos ha encontrado sus mejores hijos e hijas desde esa vinculación profunda y existencial con el Eterno, y desde El han comprendido que su vida había sido dada para ser entregada, compartida, sacrificada y purificada en la esfera del prójimo, alternando las dimensiones más humanas con los sueños más sueños.

Desde Dios la confianza hacia el otro no se rompe y nos lanza hacia metas insospechadas. Bien sabemos que lo esencial en la fe no es el rito externo ni tan siquiera el credo religioso particular, sino el encuentro confiado con el Misterio. Muchos hombres y mujeres alcanzaron la conversión y rozaron la plenitud mientras otros aún no han salido de la desconfianza, el egoísmo y el ateísmo.

La creencia tiene argumentaciones que escapa de las especulaciones racionales y científicas, pero no por eso menos ciertas. La creencia religiosa es comprendida más por el corazón que por la mente, aunque "tenemos que dar razón de nuestra fe a todo el que la pida".

Muchos hombres y mujeres anclados en el ateísmo dudaron en su "noche interior" y miraron al cielo para encontrar una señal que les manifestara la existencia de Dios, y alcanzaron la dicha de la fe. Otros aparentes creyentes aún no han salido de la mediocridad y la fe es en su vida solamente una mediocre ideología cargada de minusvalías y recelo contra el mundo.

Recuerdo en este momento a una mujer grande, Edith Stein, carmelita que murió el 9 de agosto del año 1942 en el campo de exterminio de Auschwitz. Edith estuvo siempre preocupada por la búsqueda de la verdad, al igual que San Agustín, y después de buscarla en los estudios filosóficos, ¡recordad que fue discípula y ayudante de Husserl!, la encontró en la sabiduría de la Cruz, después de leer la Vida de Santa Teresa de Jesús. Ella representa, en palabras del Papa Juan Pablo II el día de su beatificación el 1-5-1987, "una dramática síntesis de nuestro siglo".

DESEOS DE ETERNIDAD es un libro de poesías religiosas desde Jesucristo, el Salvador, el Dios con nosotros.

En Jesucristo se condensan las aspiraciones de los hombres de todos los tiempos al tiempo que se plasman las esperanzas de siempre.

Estoy convencido que Jesucristo asume el dolor de los hombres en su propia cruz y recoge las ilusiones de todos los hombres en su propio martirio. Todos los poemas están llenos de oración, petición, clamor, rebeldía y confianza. Solamente así la fe personal dará respuesta a la vida de cada hombre y cada mujer.

Solamente te pediría que no tengas prejuicios y descubras que este libro es el resultado de un creyente que se pone en presencia del Misterio para alcanzar las cotas de la eternidad y ofrecerle los suspiros del mundo.

EL AUTOR

JUSTICIA APOCALIPTICA

*"La teología...es la esperanza de que la injusticia
que caracteriza al mundo no puede permanecer así,
que lo injusto no puede considerarse como la última palabra...
Soy cada vez más de la opinión de que no se debería hablar
de anhelo, sino de miedo de que Dios no exista"*
(M. HORKEIMER)

Creo en el combativo palpitar de mi corazón
que estalla cada día ante la injusticia
y deja de soñar un poco tardíamente
cuando viene el recuerdo a la mente.

Creo en el torbellino ajetrear de las cosas
que dejan gimiendo la espera ante un futuro más prometedor
y araña lentamente la creencia
cuando el afligido suspira una oración.

Creo en la rebeldía salpicada de amores
que anhelan cada momento nuevos horizontes
y más allá de este duro aprendizaje
cuando la muerte bese todo lo existente.

Creo en la justicia para la víctima de la injusta historia
que clama día y noche un juicio sin retraso
y más allá de este dominio
cuando traspasemos el umbral de lo palpable.

CREO EN DIOS

Sin Dios la historia sería cruel,
tan cruel como el verdugo sin piedad,
tan cruel como el viaje a ninguna parte,
que deja anticipos a media asta
para agonizar un poco después.

Sin Dios el hombre sería un lobo,
tan lobo como aquellos de las manadas,
tan lobo como los enemigos sin misericordia,
que deja víctimas a su paso
para levantar mausoleos un poco después.

Sin Dios el mundo sería un eterno retorno,
tan eterno como el silencio de las piedras,
tan eterno como la violencia de los pueblos,
que deja cansancio en el centro
para crear evasiones un poco después.

Sin Dios la justicia sería un engaño,
un engaño como las justificaciones sin fundamento,
un engaño como la ruta de la historia,
que deja aire en los pulmones
para expulsar gritos un poco después.

ETERNAMENTE AMADO

*"Cuando un hombre se sabe amado,
ya no es el mismo.
Y cuando se sabe divinamente amado,
está salvado"*
(ELOI LECLERC)

El vuelo de lo eterno riza el alma
en los jardines de lo íntimo
y en pleno éxtasis se une al amado
de lo lejano a las manos.

Yo quiero sentir la presencia
de ese abrazo tan hondo
y dejar de perderme en la angustia
de los humanos en su historia.

Se acerca la serena confianza
muy cerca de las preguntas
y allí, entre las sombras,
viene la llama a la leña.

Yo quiero dejar acariciarme
de la salvación un poco
y arrinconar la grieta
de los sufrimientos perennes.

ENCUENTROS MISTICOS

¿Qué tienes tú que cada día nos visitas
cuando la mañana bosteza muy cerca
y se abre despacio junto al ritmo de la vida
que viene risueña entre lo creado?

¿Qué pides tú que en medio de las faenas te adentras
cuando los sueños dan paso a la vigilia
y se callan muy pronto las pasiones de la noche
que cabalgan silenciosos entre los vientos?

¿Qué traes tú que dejas tu presencia en lo vivo
cuando el dulce palpitar de las cosas reclama quien lo admire
y los humanos danzan en las cunetas de la existencia
que hacen olvidar por momentos el dolor?

¿Qué tienes tú que sólo nos dejas largas esperas
cuando el presente reclama un gran quizá
y el corazón de los pobres mira en el cielo una señal
que deje patente el clamor de la justicia?

JESUS MAESTRO

*"Jesús ocupa en mi corazón el lugar de un gran maestro
de la humanidad que ha influido considerablemente en mi vida.
Yo digo a los hindúes que su vida sería imperfecta, si no estudian
con reverencia la doctrina de Jesús.."*
(GANDHI)

Sin Ti el mundo sería túnel,
un túnel sin salida a la luz,
que todo le pertenece, casi sin notarse,
hasta que el alba lo despide.

Sin Ti la risa sería una máscara,
una máscara sin alas de solidaridad,
que trata de esconder sus vergüenzas
hasta que la lágrima suspira un beso.

Sin Ti la esperanza sería engaño,
un engaño sin combate,
que todo le desespera, casi sin despertar,
hasta que el cansancio la sepulta.

Sin Ti el latir del corazón sería huido,
huido sin solidaridad hacia abajo,
que galopa en medio del miedo
hasta que la escarcha dance en el alma.

DIOS INVISIBLE

*"Los cristianos sólo conocemos a Dios tal como éste
se nos ha revelado en Jesús"*
(W. PANNENBERG)

Aquí, en la esfera cristalina cercana de las cosas,
lejano de los sueños, en el instante milenario,
acogo en una sola mirada ocular,
el combativo ajetrear de lo inerte
con un turbellino palpitar de las rocas,
entrelazadas con miles de maleza,
coronadas de encinas y pinares.

Y mientras la brisa besa el espacio
acurrucándose en los huecos de la tierra,
señorea la cálida figura de la luna,
tan alta en el aire,
tan solitaria en la lejanía,
mientras tú disimulas la ausencia.

Yo no sé bien si tu mirada te pertenece
pero es tan pasajera, tan viajera,
cual se tratara de un peregrino en el tren,
que todo lo vigila sin detenerse,
sin saber muy bien su destino,
entre los recuerdos y los olvidos.

Y mientras la sombra invade la montaña,
tú te adueñas de los matices,
tan risueña como la crecida de un río,
tan invisible como el aire,
que se marcha sin aún haberse detenido.

INSATISFECHOS

*"Lo que más vale en el hombre es su capacidad
de insatisfacción. Si algo divino posee es precisamente
su divino descontento"*
(ORTEGA Y GASSET)

¿Por qué, Dios mío, Señor de los abismos,
no cae azufre en el camino de espinas,
muy cerca de las raíces, en la esencia de los pueblos,
cuando los sufrimientos reabren sus puertas,
muy en el fondo de los humanos?

¿Por qué, Dios mío, dueño de los sueños,
no crece amor en el huerto de los verdugos,
muy cerca de los impostores, en los corazones deshechos,
cuando el orante en la noche abre sus manos,
muy en el interior de los aposentos?

¿Por qué, Dios mío, conquistador de los silencios,
no corre justicia en las venas del planeta,
muy cerca de la existencia, en los huecos de los vivos,
cuando los hermanos arrasan parentescos,
muy en los latidos de los niños?

¿Por qué, Dios mío, peregrino de los espacios,
no perdura la risa en la vida de paso,
muy cerca de los amigos, en el calor de la cena,
cuando el combate diario se desvanece en el pecho,
muy en las ramas de lo dentro?

BÚSQUEDA ARDIENTE

Si pudiera alcanzar tus manos invisibles en la noche
cuando los lobos feroces de lo dentro aúllan de miedo
y los duendes del alma suspiran en silencio
entonces podría decir que mi búsqueda no era inútil.

Si alcanzara tus labios encendidos en los rezos
cuando los salmos se hacen gaviotas en el pensamiento
y las palabras palomas mensajeras del deseo
entonces podría decir que mi oración alcanzó la fuente.

Si hilvanara tus mil mundos cosidos en la memoria
cuando la herida suspira hondo sin dejar consuelo
y los versos claman un laberinto de pasiones
entonces podría decir que mi vida no ha sido en vano.

Si pudiera subir despacio a lo más alto del abismo
cuando los temores reclaman un signo sin paciencia
y las sospechas humedecen el poco espacio creyente
entonces podría decir que mi misión ha sido cumplida.

UNA SEÑAL

¡Señor, mi oración es ésta: que no se cansen los buenos!
Dad a este mundo esta señal, esta señal que nos provoque
y nos haga sentirnos vivos como los vientos huracanados,
sin que la escarcha de los opresores invadan la atalaya
que deja sin aliento a los pobres ya olvidados.

¡Señor, mi oración es ésta: que no se cansen los buenos!
Que falte evidencias en esta noche eterna vivida,
que falten discursos arrebatadores en este mundo sin contagio,
que falten certezas en la vida un poco vivida,
pero que no se cansen los buenos, peregrinos de la esperanza,
esos forjadores de las páginas más gloriosas del espíritu humano
que dejan herido en su propio centro el mundo del mal,
que recorre parte a parte cada pedazo de historia, de principio a fin,
sin dejar de estallar en el aire las bengalas del fracaso.

¡Señor, mi oración es ésta: que no se cansen los buenos!
Dad a este mundo esta señal, esta señal que nos contagie
y nos deje abrazados en nuestro propio corazón un momento,
sin que los deseos de herir al prójimo fatigue nuestro interior
que lapide lentamente la semilla de lo eterno.

¡Señor, mi oración es ésta: que no se cansen los buenos!
Que falten teólogos en esta época necesitada de raíces,
que falten sabios gestadores en este palpitar con ignorancia,
que falten soñadores sin aferrarse a lo presente tan pasajero,
pero que no se cansen los buenos, esos héroes silenciosos en el tiempo,
esos gestadores de un enlace evolutivo más allá de la violencia
que marcan la pausa en los combates de nuestros antepasados,
que invaden cada rincón de la vida, de norte a Sur,
sin dejar de entusiasmar en cada generación sus mejores hijos.
¡Señor, mi oración es ésta: que no se cansen lo buenos!

LOS PASOS DE DIOS

¡Ven, no te pares en la nieve blanca
que tiene frío en sus manos
y garfios sus vestidos!

¡Oh, ven, no te mires en la rosa
que tiene espinas en sus tallos
y gotitas de rocío sus pétalos!

¡Ven, no te sientes en la fuente
que tiene llanto en sus caños
y frescura sus caudales!

¡Oh, ven, vuelve esta noche, ven,
que tengo grandes deseos interiores
de hablarte a solas en mi pecho!

FE HERIDA

Los dos llevamos una herida profunda
en lo más hondo del corazón,
que apenas sale al exterior por la mañana
para clavarse en las ilusiones secas.

¡Sí, los dos recorremos el mismo recorrido
aunque jamás llegan a abrazarse las manos,
tan apasionadas en el intante de partir
pero tan distante en la búsqueda!

Los dos buscamos la antorcha que nos glorifique
en lo más cercano de lo interno.
Tú eres el Yo con mayúsculas que oculta evidencias
mientras yo reclamo tu beso que me ame.

¡Sí, los dos pensamos que nada puede impedir cruzarnos
aunque el ritmo de esta vida que pisamos jamás lo hará posible,
tan quejosa en el laberinto de los hombres
pero tan compadecida en sus miedos!

EN UNA CRUZ

"Jesús murió porque nosotros matamos
y porque nosotros morimos"
(GONZÁLEZ FAUS)

¿Dónde podré encontrar a ese hombre,
que los hombres diminutos buscan cansandos,
cuando aquellos que admiramos por sus cualidades
le han herido bruscamente las manos?

¿Dónde suplicar en esta historia,
que reclama día y noche annistía,
cuando aquellos que mueren injustamente
buscan en el recuerdo un consuelo?

¿Dónde satisfacer en este mundo traidor,
que pide compasión a manos llenas,
cuando aquellos que jamás levantan sus gritos
esconden sigilosamente sus lágrimas?

¿Dónde salir a buscar a ese crucificado,
que los dueños de imperios han asesinado,
cuando los pobres de cada orilla
suplican día y noche un enviado?

¡LA ESENCIA DE LA RELIGIÓN

"El Dios verdaderamente absoluto tiene que
trascendernos y abrazarnos al mismo tiempo"
(K. NISHIDA)

Viene cada segundo a nuestras fatigadas existencias
una Presencia que se hace plegaria en ocasiones,
si bien en otras se hace Ausencia que nos aleja,
como el amor no correspondido pero que quema.

Viene ese Silencio cargado de palabras
a nuestro más recondido centro interior,
si bien el ritmo divino marca siempre su drama,
como los guionistas no olvidados pero que pesan.

Viene cada momento a nuestra ajetreada vida
un Temblor que nos ama por dentro,
si bien la sospecha gestada por nuestros razonamientos nos invaden,
como la sed no satisfecha pero que amaina.

Viene ese Esperado por siempre a nuestra lucha marcando sus pausas
a los rincones que han dejado nuestros pasos,
si bien deja ansiada pasión en los corazones,
como los amigos queridos pero no cercanos.

CRUZ DE UN DESPERTAR

En el amanecer de mi alcoba
cuando el jilguero y el perro
despiertan de su silenciosa noche
brota la claridad de un verso.

¡Verso de un primer amor!
¡Verso de una primera ilusión!
¡Verso de un primer encuentro!

Y allí estabas tú, corazón mío,
refrescando tu voz y tu alegría.
Y entre ambos,
como un rayo de luz,
apareció la cruz.

¡Cruz de un primer impacto!
¡Cruz de un sol adolescente!
¡Cruz de una vida fugaz!

Era ella, la fibra más auténtica de mi pasado,
el clamor de una exigencia,
el beso de una huida apasionada.

Y allí, como la más ferviente realidad,
yacía El, moría El, vivía El.

Era El en lo más íntimo de mí:
¡Era Jesús, el Crucificado,
pero, en sus ojos brillaba el más claro despertar!

Allí sucedió el primer encuentro,
entre el madero del silencio
y las alegres lágrimas de un hermoso sueño.

JESÚS ÍNTIMO

¡Sí, vino trayendo el aroma de otro lugar
que deja suspendidos los pilares de este mundo tan poco dado a querer
pero que invade la sombra en los momentos menos clarividentes!

¡Sí, vino sin ser notado en un pequeño y olvidado rincón
que consuela las lágrimas de los pequeños tan poco satisfechas
pero que cabalga por los más recónditos escondites de lo vivo!

¡Sí, vino a nuestra alma como el aire depositado en el viento
que hospeda sus guerreros en los aposentos tan poco aireados
pero que arremete la huella por las cloacas más silenciosas!

¡Sí, vino trayendo en sus labios leyendas de otros mares
que dejan encendidos la hoguera de nuestro más oculto centro
pero que con la misma rapidez marcó un ritmo tan poco pausado
pero que sus combates irradian calor y fuego a los más satisfechos!

ADMIRÉ A JESÚS

¡Admiré a Jesús porque no luchó!
Contempló la flor en el arroyo,
riendo cual se tratara de un niño,
cogiendo un manojo de piedras,
-con las manos-.

¡Admiré a Jesús porque no luchó!
Anunció la "Vida" a las gentes,
recitando cual se tratara de un trovador,
despreciando las alas del miedo,
-liberando-.

¡Admiré a Jesús porque no luchó!
Desnudó su corazón a los niños,
amando cual se tratara de un amigo,
viviendo sin ropajes de esclavo,
-escandalizando-.

¡Admiré a Jesús porque no luchó!
Murió con el nombre de preso,
callando cual se tratara de un dueño,
saboreando la soledad y la brisa,
-agonizando-.

¡Admiré a Jesús porque no luchó!

¡PERO CALLAS!

Tu, Señor de los mil vientos, lo sabes todo
aunque aparentas ignorarlo, ¡pero callas!

Dime, por favor, dime dónde está la risa
que ha abandonado la casa de mi hermana enferma.

Tu, Señor de los mil nombres, lo sabes todo
aunque aparentas ignorarlo, ¡pero callas!

Dime, por favor, dime dónde están los jilgueros
que han abierto las jaulas del mendigo andariego.

Tú, Señor de los mil combates, lo sabes todo
aunque aparentas ignorarlo, ¡pero callas!

Dime, por favor, dime dónde te hospedas
que han venido unos magos de una aldea atea.

Tú, Señor de los mil silencios, lo sabes todo
aunque aparentas ignorarlo, ¡pero callas!

Dime, por favor, dónde navegas
que han venido los pescadores de un puerto lejano.

Tú, Señor de los mil rostros, lo sabes todo
aunque aparentas ignorarlo, ¡pero callas!

Dime, por favor, dónde tienes el agua
que han venido unos hortelanos de mi tierra seca.

Tú, Señor de los mil cantos, lo sabes todo
aunque aparentas ignorarlo, ¡pero callas!

ENCUENTRO CON LA CRUZ

Han herido con garfios y espadas mi pequeño ruiseñor,
ruiseñor de tierra,
tierra de sangre,
¡sangre de sentimiento!

Han frustrado con la muerte asesina mi leve corazón,
corazón de carne,
carne de poeta,
¡poeta del dolor!

Han matado con arma blanca el ingenuo optimismo de antaño,
antaño de deísmo,
deísmo de síntesis,
¡síntesis del mejor mundo posible!

Han respondido con preguntas rebeldes a tu silenciosa voz,
voz de un poema,
poema de una canción,
¡canción de una cruz!

A TÍ

"Ante Dios nada es vacío.
Todo es señal de El"
(SAN IRENEO)

¡Te llamo porque estás como ausente
y tu figura se deposita en el viento,
que viste de erizo su cabellera
y sondea el trigal plateado!

¡Te amo porque estás engendrando
y tus versos se recogen entre los cipreses,
que serpean entre los recodos del camino
y recolectas el llanto de los enamorados!

¡Te llamo porque estás como ausente
y tu presencia se convierte en ausencia,
que marca siempre el ritmo del reloj
y reabre cada día cosas muertas!

¡Te amo porque estás como ausente
y te acurrucas al instante en el alma humana,
que invade la sombra nada más tocarla
y combate el silencio con la evidencia!

AMIGO JESÚS

Vino en otoño aquel viajero extraño
pero dejó su huella sin evidencias ni contrastes,
¡y se marchó!

Dejó en el pueblo aquel hombre sin apariencia su aliento
pero sembró su libertad con entusiasmo y asombro,
¡y se marchó!

Vino en primavera aquel aldeano con alma joven
pero dejó su corazón sin alas ni evidencias,
¡y se marchó!

Dejó en los marginados aquel hombre sin adornos su pecho
pero lanzó su sencillez con palabras y parábolas,
¡y se marchó!

Vino en verano aquel judío sin eminencias ni protocolos
pero dejó su aliento sin pavores ni miedos,
¡y se marchó!

Dejó en el aire aquel alma grande sin estridencias
pero ensangrentó su combate con fuerza y rabia,
¡y se marchó!

Vino en invierno aquel andariego sin apegos ni bolsa
pero dejó un camino sin vanidades ni recelos,
¡y se marchó!

DESEOS DE ETERNIDAD

Cuando deje este mundo negro,
tan sólo silencioso en apariencia y fuera del corazón,
dejaré el equipaje en la cuneta
mientras el viento acoja mi esencia.

Cuando marche de este mundo agrietado,
tan sólo callado en la noche y escondido en sus combates,
dejaré mi contrastes en el olvido
mientras el sueño eterno marque su ritmo.

Cuando olvide este mundo ensangrentado,
tan sólo madre en la esfera piadosa de los corazones y por momentos,
dejaré este ajetrear pavoroso en el pasado
mientras el alma se eleva por encima de sí misma.

Cuando abandone este mundo siniestro,
tan sólo luminoso en un instante y sombrío en sus adentros,
dejaré el palpitar humano en lo hondo
mientras la esperanza eterna rompa el alba.

MISERIAS

Dios mío, dame la gracia de tu presencia,
aquella que hace estallar la fe,
y deja que mis miedos se desnuden
para dar paso al encuentro.

Dios mío, deja que tu riqueza me domine
y juegue con mi corazón a las prendas
para que pueda desprenderme de mi apego
que contagia de sospecha el camino.

Dios mío, dame el vendaval de tu Espíritu,
aquel que riza el sentido de lo humano,
y combate las heridas de mi mundo
para dar rienda suelta a la esperanza.

Dios mío, deja que tu cruz me invada
y siembre de solidaridad mi egoísmo
para que el hombre se convierta en hermano
que transforme las sombras de claridades.

BÚSQUEDA ARDIENTE

"¿Adónde te escondiste,
Amado, y me dejaste con gemido?
Como el ciervo huiste
habiéndome herido;
salí tras ti clamando, y eras ido"
(SAN JUAN DE LA CRUZ)

Detrás del viento está su alcoba
y llega a la tarde con su caballo invisible
para visitar mi huerto sediento
que esconde manzanos en sus huecos.

Y mientras todo le pertenece
El sigue huyendo tras el alma,
cual se tratara de un amante
que mece despacio el beso.

Detrás del planeta se esconde su mundo
y contagia la risa con su clamor
para acometer despacio la fe
que roza amores en sus pétalos.

Y mientras todo le reclama
El sigue buscando cuevas interiores,
cual se tratara de un taciturno
que enciende llamas en la noche.

LUCHA EN LA NOCHE

¿Ay, Dios mío: no ves mi alma suspirar en penumbra
mientras todo pide un nuevo alumbramiento
donde el verdugo siembre flores
y el lobo pacte con el corderillo?

¡Ay, Dios mío: desenreda tu fuerza de siete imperios
en el camino de las heridas
y haz renacer tantas cosas muertas
en el alma de los no creyentes!

¿Ay, Dios mío: no ves a mi aliento partir hacia lo alto
mientras todo exhibe sus cadenas
donde los pobres claman pan
y los ricos derrochan vanidades?

¡Ay, Dios mío: lanza un rayo de tu poder
en el dominio de las espinas
y calma la sed de tantas cosas secas
en el ajetrear de esta vida!

FUÍSTES HUÍDO

Vuelve, Dios mío, vuelve
que la llama de la esperanza se apaga
y los beduinos de los desiertos arrasan el pasto
mientras los árboles gimen agua.

Ven pronto, Dios mío, sin tardar
que el corazón deshace su alcoba
y los sueños exigen de inmediato pruebas
mientras Ruanda reclama solidaridad.

Vuelve, Dios mío, vuelve
que la historia acurruca desgracias
y los humanos suspiran tu presencia
mientras los vientos siguen violentos sus rutas.

Ven pronto, Dios mío, sin tardar
que el abandono nos deja huidos
y el cansancio ajetrear de lo existente reaparece
mientras el mar recuerda a sus muertos.

Vuelve, Dios mío, vuelve
que las esperas se hacen eternas
y los hombres de cualquier siglo reclaman justicia
mientras el tiempo recorre las agujas del reloj.

JESÚS EN LA ENCRUCIJADA

*"Nunca supimos su lugar de origen,
solamente presentimos la brisa nueva y virgen
de un ser que nos quería de verdad"*
(RICARDO CANTALAPIEDRA)

Por encima de la sangre,
por encima de los sueños,
por encima de la ley,
¡Jesús es la meta de nuestras vidas!

Por encima de los miedos,
por encima de los conflictos,
por encima de las palabras,
¡Jesús es el Señor de los misterios!

Por encima de los apegos,
por encima de los documentos,
por encima de la familia,
¡Jesús es el resplandor de la esperanza!

Por encima de los temores,
por encima de los amigos,
por encima de las guerras,
¡Jesús es la antorcha de nuestra historia!

REGRESO DE JESÚS

"Id a decir por las calles,
las plazas y los mercados,
por caminos y veredas,
que Jesús ha regresado"
(JEAN DEBRUYNE)

Antes de conocerte, Jesús mío,
la vida era un caminar de espinas,
cada una con su amado,
cada una con su risa.

Antes de encontrarte, Jesús mío,
la espera era un apagarse sin rumbo,
sin rumbo a ninguna parte,
sin rumbo a nada.

Antes de seguir tus pasos, Jesús mío,
el secreto de la vida era un acumular apegos,
cada uno con su fuerza,
cada uno con su vanidad.

Antes de acercarte, Jesús mío,
la entrega era un poco menos plena,
sin sonrisas hacia el otro,
sin amores hacia dentro.

Antes de crucificarte, Jesús mío,
la herida era sólo una queja,
cada una con su rebeldía,
cada una con su lamento.

ENCUENTRO CON CRISTO

Bajarás a mi orilla y a mi playa,
entre los sueños y los deseos,
para hacer de mi vida una alondra,
que vuele deprisa más allá del tiempo.

Entrarás a mi alma y a mi escarcha,
entre los versos y los salmos,
para hacer de mi noche una hoguera,
que regale llamas más allá de los huecos.

Galoparás por mis palabras y mis penas,
entre los silencios y las risas,
para hacer de mi búsqueda una aventura,
que escriba huellas de sentido más allá de lo presente.

Anclarás por mis leyendas y mis cuentos,
entre los cansancios y las sospechas,
para hacer de mi pobreza un vendaval,
que arrastre coherencias más allá de los secretos.

DE NUEVO CRUCIFICADO

Desde entonces se oyen sus gritos en la historia,
aunque desde siempre esos gritos eran nuestros,
desde que el mundo empezó a danzar en el aire,
desde que el primer hombre pintó en la cueva,
se oyó su grito en nuestro pequeño mundo,
pero ahora tiene expresión nueva y rejuvenecida,
en ese Nazareno martirizado en el tiempo de Tiberio,
en ese pequeño hombre abandonado y traicionado,
en ese tal Jesús que fue condenado por blasfemo,
en ese profeta que provocó el Templo y las instituciones.

¡Sí, desde entonces tiene el martirio otro rostro,
aunque sus heridas estén siempre abiertas,
aunque sus clavos tengan la misma dureza,
aunque el martillo golpee con la misma fuerza!

¡Sí, desde entonces la lucha posee un impulso,
aunque sus manos se escondieron destrozadas,
aunque sus pies se enterraron sangrientos,
aunque su pecho fue diana de la lanza!

Desde entonces los pobres tienen un amigo,
aunque desde siempre tuvieron buenos aliados,
desde que el hombre inventa traiciones al propio hombre,
desde que el mundo acaricia la propiedad,
desde que los vientos soplan con intensidad en las piedras,
pero ahora tienen un amigo eterno y único,
en ese campesino asesinado por sembrar verdades,
en ese joven provocador que abrazó pecadores,
en ese usurpador que criticó la falta de compasión,
en ese andariego con huellas que dejó una brecha.

SENTIRSE AMADO

"Muy pronto tuve la sensación de que Dios me amaba,
y esta experiencia espiritual, muy honda,
no ha desaparecido jamás. Sensación de estar acompañado
por una presencia"
(J. GAILLOT)

Te ando buscando y nunca llegas,
aunque sea lo oscuro o al alba,
amor cercano entre las manos,
amor ilusionado que deja huellas,
concentrado en un solo nombre,
que mece su esencia con la espuma de la mar.

¡Oh, amor sediento de besos,
que deja aromas divinas en lo dentro,
ilusionado de caricias y sudor,
con experiencias pasajeras en sus fuentes,
sin llegar aún a su meta!

Te espero cansado y nunca llegas,
duele amor desnudo del alma,
alma que alcanza suspiros en los huecos,
mientras los versos lanzas flechas heridas,
afiladas en lo oculto del corazón.

¡Oh, navegante risueño de la noche,
que dejas lava encendida en mi centro,
hecha misterio en la frente y en lo vivo,
con brújula rota en sus dedos,
sin deslizarse hacia su llegada!

DESEOS DE ETERNIDAD

En la sala de lo hondo
vigila el centinela la sospecha,
aquella que dimana de la esencia
al contemplar la desgracia muy cerca.

¡Ay, que te pareces a la escarcha,
tan densa al alba,
tan caduca ante los rayos de sol!

¡Ay, que te pareces a la rosa,
tan viva en sus pétalos,
tan seca al atardecer!

En las fibras de lo humano
acaricia lo salvaje el canto,
aquel que riza el agua en la orilla
al bajar las huellas muy temprano.

¡Ay, que te pareces a la infancia,
tan inocente en sus nidos,
tan pasajera en los sueños!

¡Ay, que te pareces a la risa,
tan explosiva por momentos,
tan pálida ante el llanto!

EN UNA CRUZ

*"Jesús murió porque nosotros matamos
y porque nosotros morimos"*
(GONZÁLEZ FAUS)

En aquel tiempo cuando Roma saboreaba el triunfo
y los emperadores jugaban a la guerra,
no muy lejos de las raíces,
allí donde las ilusiones se convirtieron en profecías,
allí donde los sueños se hicieron palabras eternas,
vino un labriego a la plaza, a la aldea, a la pradera,
-¡qué más da eso!-,
y habló de esperanza a los desheredados del tiempo.

¡Sí, era plena tarde cuando lo crucificaron fuera,
fuera de la ciudad, fuera de los justos,
fuera de los buenos, fuera del templo!

En aquel tiempo cuando los hombres miraban al cielo
y buscaban en las estrellas sus propios pasos,
no muy lejos de las supersticiones,
allí donde la injusticia se vestía de justificaciones,
allí donde los golpes eran la moneda del más fuerte,
vino el Nazareno a la casa, a la orilla, a las tabernas,
-¡qué más da eso!-,
y habló de amor a los que acurrucaban odios en su pecho.

¡Sí, era plena tarde cuando lo crucificaron lejos,
lejos de los hombres, lejos de los corazones,
lejos de los amigos, lejos de lo eterno!

En aquel tiempo cuando los religiosos buscaban distancias
y querían cortinas entre Dios y los hombres,
no muy lejos de los pueblos,
allí donde Dios tenía un trono muy ajustado en el cielo,
allí donde Dios castigaba la ignorancia de los pequeños,
vino el profeta amigo de los campos, a la playa, al desierto,
-¡qué más da eso!-,
y dejó la ilusión del Padre eterno a los pueblos.

POBRE ABECEDARIO

> *"Vivo sin vivir en mí*
> *y tan alta vida espero,*
> *que muero porque no muero"*
> (TERESA DE JESÚS)

¡Qué tengo yo que mi corazón procuras y entras sin avisar!
Te has ocultado en mi zurrón,
allí entre las soledades íntimas,
y has revuelto la tranquilidad,
la paz que se confunde con los olvidos.

¡Qué tengo yo que mi corazón procuras y entras sin avisar!
Te has aliado con el beso,
allí entre los sueños,
y has deshecho la armonía,
la estabilidad que se confunde con los silencios.

¡Qué tengo yo que mi corazón procuras y entras sin avisar!
Te has unido a la amistad,
allí entre los secretos,
y has roto la confianza,
la confianza que se confunde con los miedos.

¡Qué tengo yo que mi corazón procuras y entras sin avisar!
Te has acurrucado en mi pecho,
allí entre las melodías,
y has herido la inocencia,
la inocencia que se confunde con los complejos.

¡Qué tengo yo que mi corazón procuras y entras sin avisar!

VASIJA ROTA

Cuando la noche se pone su abrigo
y las estrellas danzan su extraño rito,
yo intento mirar hacia dentro
para encontrar una llama en mi pecho.

Cuando la queja suspira una lágrima
y los enfermos alimentan su invencible dolor,
yo intento galopar hacia lo lejos
para fabricar una respuesta en mi sueño.

Cuando los hombres hilvanan sus guerras
y los pueblos suspiran su añorada tierra,
yo intento buscar hacia el OTRO
para humedecer un corazón en mi centro.

Cuando la mar desparrama su furia
y los marineros relatan sus milenarias leyendas,
yo intento navegar hacia las moradas
para recoger una manzana en mi encuentro.

ORACIÓN EN LA NOCHE

Mi buen Dios necesito decirte esta noche,
en esta noche salpicada de sombras,
necesito decirte sin muchos preámbulos
que el niño con rostro muere sin remedio.

Mi buen Dios necesito decirte en esta noche,
en esta noche iluminada de estrellas,
necesito decirte sin contemplaciones
que la ambición sin nombre arrasa pueblos.

Mi buen Dios necesito decirte en esta noche,
en esta noche vestida de fantasmas,
necesito decirte sin muchos rodeos
que la guerra enamorada vuelve locos a los hombres.

Mi buen Dios necesito decirte en esta noche,
en esta noche invadida de silencios,
necesito decirte sin herirte
que la espera humana emigra de los jóvenes.

JESUCRISTO AMIGO

"El Cristianismo no vive de una nostalgia,
celebra una presencia"
(LEONARDO BOFF)

Si Jesús no hubiera llorado
nuestro llanto sería más triste,
más hondo, más permanente.

Si Jesús no hubiera hablado
nuestras palabras serían más caducas,
más incoherentes, más silenciosas.

Si Jesús no hubiera soñado
nuestro sueño sería más grotesco,
más ininteligible, más negro.

Si Jesús no hubiera amado
nuestro amor sería más sospechoso,
más egoísta, más inmaduro.

Si Jesús no hubiera muerto,
nuestras muertes serían más desgarradas,
más crueles, más calladas.

CONFIDENCIAS

Vendrás a mi fuente y a mi arroyo,
allí entre los manzanos, entre las veredas,
y no sé bien si saldré airoso en esta lucha,
pero, sea cual sea el resultado,
ven sin pausa a mi regazo.

¡Ay, huésped incómodo en este fondo;
viajero pacífico que dejas la guerra,
huracán invisible que traes la brisa,
amante soberbio que conquistas el abandono,
deja que las palomas blancas, de sombra y luz,
vayan al mundo de los silencios llevando un mensaje,
un mensaje sin palabras pero con mucho aliento,
un mensaje sin remite pero con mucho vuelo!

Bajarás a mi olvido y a mi memoria,
allí entre los silencios, entre las quejas,
y no sé bien si estaré preparado en este instante,
pero, sea cual sea tu impresión,
ven sin tardar a mi hoguera.

¡Ay, mendigo risueño en esta alma;
forjador perfecto que dejas lo libre,
sabio invencible que traes ignorancias,
caballero con caballo que arrasas el pozo,
deja que tu voz sumergida, de sospecha y aliento,
vaya al interior de las cuevas trayendo una antorcha,
una antorcha sin consumirse pero con mucho fuego,
una antorcha sin repuesto pero con mucho aliento!

PLEGARIAS

Esperando en la sombra,
debajo del manzano,
entre la serpiente y las hojas secas,
ha sido reparado el daño, ha sido aniquilado el miedo.

¡Ojalá consumas con tu fuego invisible,
Señor de la historia,
el corazón de los malvados, la pereza del necio,
el cansancio de los pobres, la soledad del viento!

Sentada en el huerto,
debajo del árbol de la vida,
entre la espera y los amores cansados,
ha sido abrazada el alma, ha sido conocida sus alas.

¡Ojalá entres con tu presencia silenciosa,
Señor de los sueños,
al rincón de las quejas, al jardín de los suspiros,
a la fuente de las lágrimas, al volcán de los deseos!

JESUCRISTO ÍNTIMO

> *"Quedéme y olvideme,*
> *el rostro recliné sobre el amado"*
> (SAN JUAN DE LA CRUZ)

Déjame humedecer esta noche tu sueño,
amigo de los caminos,
que puedo, de esa manera así,
galopar airoso un caballo blanco.

Déjame cobijar esta noche tu pecho,
amigo de los impulsos,
que puedo, de esa manera así,
sentir ilusionado una llama viva.

Déjame abrazar esta noche tu mano,
amigo de los amigos,
que puedo, de esa manera así,
engendrá risueño unas palabras acertadas.

Déjame oír esta noche tu canto,
amigo de las inspiraciones,
que puedo, de esa manera así,
sepultar ilusionado una espina encantada.

ENCUENTROS INVISIBLES

"Mi oración, Dios mío, es ésta:
Hiere, hiere la raíz de la miseria
de mi corazón"
(R. TAGORE)

Entra a limpiar mi huerto
pero no mandes a un empleado.
Ven tú mismo, Señor de los secretos,
y perdona que esté la tierra agrietada.

Entra tú mismo con tus azadas
y haz la poda más adecuada,
pero deja al menos un rosal,
que tengo en las piedras plantado.

Entra a regar mi huerto
pero no vayas a inundarlo.
Ven tú mismo, Señor de los vientos,
y perdona que estén las higueras secas.

Entra tú mismo con tus manos
y haz la casa más acogedora,
pero deja al menos un recuerdo,
que tengo en la mesilla guardado.

IMPULSOS MÍSTICOS

*"¡Oh, llama de amor viva
que tiernamente hieres
de mi alma en el más profundo centro!"*
(SAN JUAN DE LA CRUZ)

Déjame entrar en tu jardín
para coger una rosa,
aunque sea con espinas,
aunque sea deshojada y mustia.

Déjame humedecer tu hombro
para contarte una historia,
aunque sea con dolor,
aunque sea triste y viva.

Déjame subirme en tu manzano
para coger un fruto,
aunque sea con fatigas,
aunque sea picada y seca.

Déjame tocar tu rostro
para sentir una caricia,
aunque sea con heridas,
aunque sea momentánea y pasajera.

VEN

> *"Ven y sálvanos.*
> *Tú que no eres un Dios neutral*
> *ni te lavas las manos"*
> *(LOIDI)*

¡Ven, no te pares muy cerca de la noche,
la noche llena de violencia e injusticias,
que no quiere verte aliado con los amigos de la muerte!

¡Ven, no te pares en la alfombra de los cobardes,
los cobardes llenos de miedos e iniquidades,
que no quiero vestirte con las telas de mi egoísmo!

¡Ven, no te pares muy adentro de las sombras,
las sombras llenas de fantasmas y salvajes,
que no quiero ponerte muy lejos de la tragedia!

¡Ven, no te pares en la casa de los verdugos,
los verdugos llenos de maldades y ambiciones,
que no quiero olvidarte con las ideas más rastreras!

¡Ven, no te pares muy al fondo de la guerra,
la guerra llena de apetito e insolencia,
que no quiero situarte con los aliados de los infiernos!

NAVIDAD SIN ESPECTÁCULO

Perdida en la memoria de esta historia nuestra,
sin mucho ruido, ruido que pone en vilo a los imperios,
imperios de poder, imperios de oro, imperios de águilas,
allí donde los anales de los reyes no dejan huellas,
allí donde los ruiseñores olvidan su dulce canto,
allí donde los dueños y señores han marcado STOP,
en ese mismo lugar que nadie recuerda ni sabe bien dónde
ha acontecido el milagro, ha surgido un alumbramiento.

Una mujer sencilla, aldeana por más señas,
repudiada por ser hembra, mal mirada por ser mísera,
criticada por ser embarazada antes de tiempo,
ha dado a luz un niño, un niñito sin adornos,
sin muchas sonrisas ni cortejos,
sin muchos regalos ni arcas;
un niño que llora de frío,
un niño que se consuela en los pechos,
un niñito indefenso y desvalido.

Este niño nacido en los olvidos de la historia,
sin muchas panderetas ni zambombas,
ha cambiado el secreto de la divinidad,
ha naufragado los mitos de los dioses,
ha escondido su mirada en el hombre,
sin mucho esfuerzo, sin mucho miedo.
Este niñito nacido se ha metido dentro de nosotros,
dentro del corazón para dejar huellas eternas
en este mundo tan poco humano, tan poco amigo, tan poco niño.

REBELDÍAS

"Lo que yo intento evocar es la historia de la fe en crisis.
Durante la tormenta no hubo deserciones de la fe.
Hubo ciertamente protestas contra el silencio de Dios, pero
era en el interior de la fe"
(WIESEL)

¡Ay, Dios mío, deja que tu voz destruya el silencio,
este silencio peregrino y juguetón,
que se inspira sin esfuerzo,
que estalla en el fondo del corazón,
que humedece las preguntas más inquietantes!

¡Ay, Dios mío, te amo porque estás como ausente,
ausente en este mundo tan dado a la herida,
tan dado al lamento, tan dado a olvidarse,
pero quiere una respuesta clara, sin evasiones!

¡Ay, Dios mío, deja que tu brisa acaricie los ojos,
los ojos débiles y cansados,
que se cansan de mirar,
que se convierten en océanos,
que desean cerrarse ante el horror certero!

¡Ay, Dios mío, te amo porque estás como ausente,
ausente en esta vida tan dada a querer,
tan dada a marchar, tan dada a alejarse,
pero quiere una creencia absoluta, sin contemplaciones!

DIOS MÍO

"*Tan pronto como creí que había un Dios,
me di cuenta de que no podía vivir más que para Él*"
(CHARLES DE FOUCAULD)

¡Sin Ti el mundo sería un túnel sin retorno,
un túnel oscuro, sin mucha luz, sin mucho aliento.
Ahora a tu lado la noche suspira un salmo,
a tu silencio le combate miles de quejas!

¡Sin Ti la existencia sería un infierno sin llamas,
un infierno cerrado, sin mucha ética, sin mucho cortejo.
Ahora a tu lado la cruz agrieta el alma,
a tu presencia le estallan miles de amores!

¡Sin Ti la vida sería una carga sin futuro,
una carga insoportable, sin mucha ilusión, sin mucho sueño.
Ahora a tu lado la herida mendiga justicia,
a tus palabras le afloran miles de grietas!

¡Sin Ti la historia sería un jardín sin jardinero,
un jardín seco, sin mucho futuro, sin mucha espera.
Ahora a tu lado los muertos esperan combates,
a tu clamor le falta miles de lenguas!

MEDITACIONES

"Estoy a menudo contra Dios,
pero nunca sin Dios"
(ELIE WIESEL)

Si Dios no existiera,
si por un momento cerraras los ojos,
los diminutos ojos de tu rostro y de tus entrañas,
y pensaras que los muros del cielo, más allá de la luna,
más allá del viento, más allá de lo imaginable, estuvieran vacíos;
y sintieras que su presencia misteriosa es, a lo sumo, una hoja caída,
un pétalo seco en las cadenas de la historia, nuestra dramática historia,
entonces deja de palpitar, pequeño gran hombre de la existencia,
deja de palpitar y de existir en este mundo de contrastes,
deja de rebelarte en esas preguntas que estremecen los ecos,
en esas preguntas que paralizan los rezos.

Si Dios no existiera,
si por un momento te arrastrara el desengaño,
te dejaras galopar por la sospecha más ciega,
te subieras al caballo negro de lo certero,
y olvidaras que en este mundo no hay justicia,
no hay justicia total para los pobres e indefensos,
no hay libertad ni igualdad para los hombres crucificados,
entonces deja de soñar, pequeño gran forjador de la historia,
deja de esperar otra primavera más auténtica en este valle de lamentos,
deja de levantar las manos con esos enfermos sin respuesta,
en esas rebeldías que van más allá de los medicamentos.

BÚSQUEDAS EXISTENCIALES

"Buscando mis amores,
iré por esos montes y riberas"
(SAN JUAN DE LA CRUZ)

¡Dame la mano y dime tu nombre!
Espera a que se acueste el sol
y pregúntame si conozco tu nombre,
Señor de los mil nombres,
dueño de los espacios más allá del sueño.

¡Dame la mano y dime tu nombre!
Espera a que anide el amor en mis heridas
y pregúntame si encontré tu gesto,
Señor de los silencios,
amigo de los huecos más íntimos del llanto.

¡Dame la mano y dime tu nombre!
Espera a que decapite el terror
y pregúntame si oí tu aplauso,
Señor de los impulsos,
portavoz de los libertos más valientes del pueblo.

¡Dame la mano y dime tu nombre!
Espera a que queme la hojarasca
y pregúntame si percibo tu llama,
Señor de las hogueras,
huésped de los secretos más sosegados del salterio.

¡Dame la mano y dime tu nombre!

PORTAVOZ

Hombres del espacio, de la sombra y de la guerra,
del vacío y de las preguntas, de las inquietudes más austeras;
mujeres de los silencios, de los sin-voz más indomables,
del regreso más atroz, de las huidas más manifiestas...
necesito deciros, sin miedo a las risas, a las tertulias y al desprecio;
necesito deciros, con fuerza más allá de las palabras huecas,
más allá de los equipajes y las muletas, de las programaciones;
necesito deciros con el impulso que rompe el alba,
con los sondeos de años, con los reparos de ahora;
necesito deciros, amigos de los caminos, de las veredas, de las cuevas,
amigos de las sombras, de los lamentos y las risas;
necesito abriros mi corazón roto, roto de tanto callar, de tanto penar,
de tanto huir, de tanto olvidar, de tanto asombro;
necesito deciros, amigos de los contratiempos,
de las fiestas y las sombras, de las sonrisas y lágrimas;
necesito deciros niños de Brasil,
mujeres de Bosnia, madres de Argentina,
víctimas de Somalia, presos de Cuba, heridos de Irlanda;
necesito deciros por un momento, al caer la tarde, al rayar el alba,
al cantar el gallo, al temblar el sueño;
necesito deciros que Dios es bueno,
que abre sus manos al hambriento, que sonríe en tu alma,
que llora en tu lágrima, que ríe en tu risa,
que acaricia tu queja, que sueña en tu sueño,
que sondea tu alcoba,
que rastrea tu rebeldía en el fondo de tus secretos.
Necesito deciros que Dios es bueno,
aunque lances una bengala de quejas al cielo.

IGLESIA VIVA

"¡Un lugar de poesía!
Esto es lo que debería ser la Iglesia"
(HERMANO ROGER)
A las comunidades cristianas que viven el milagro
del evangelio en este siglo.

Iglesia, ¿qué dices de ti misma?:
¿qué es esa inquietud que te rodea,
que te alberga por dentro y te hace palidecer,
te hace zarandear los cimientos más oscuros,
los cimientos que alborotan la más pura apariencia,
las notas que explotan los volcanes del miedo?

¡Iglesia, pequeño resto, pequeña huella del Nazareno,
deja que sea tu casa un lugar de poesía,
acogedora en sus alcobas, utópica en sus sótanos,
portadora de ilusiones, gestadora de humanidad!

Iglesia, ¿qué dices de ti misma?:
¿qué es ese miedo que te alborota,
que te entristece por momentos y te hace tambalear,
te hace mirar hacia otros centros más llamativos,
otros centros que desintegran la esencia de principio,
los combates que anidan setenta sospechas?

¡Iglesia, pequeña semilla, pequeña alondra del Cristo,
deja que sea tu alma un lugar de poesía,
forjadora de amores, eufórica en sus senderos,
llameantes en sus secretos, rompedora de sus cadenas!

TU PODER

"¡Ah, si rompieses los cielos y descendieses
ante tu faz los montes se derritieran!"
(Salm 63,19b)

Nuestras vidas son latidos,
que salen del corazón,
que es la esencia.

¡Y tú, Señor de los huecos,
deja que este latir sin pausa
vaya más allá de los miedos,
vaya más allá del fuego!

Nuestras huellas son pisadas,
que salen del tiempo,
que es tan pasajero.

¡Y tú, Señor de los silencios,
deja que este pisar sin adornos
vaya más allá del espacio,
vaya más allá de la vereda!

Nuestros ojos son lámparas,
que salen del interior,
que es tan complejo.

¡Y tú, Señor de los vientos,
deja que este mirar sin disfraces
vaya más allá de lo externo,
vaya más allá de la luna!

FRANCISCO BAENA CALVO

Sacerdote diocesano de Córdoba. Licenciado en Estudios Eclesiásticos.

Ha ejercido de profesor de Moral y Religión Católicas en el IES "Francisco de los Ríos" (Fernán-Núñez) y en el IES "Florencio Pintado" (Peñarroya-Pueblonuevo).

Ha ejercido su labor pastoral en Pozoblanco, Villaralto, Cardeña, Azuel, La Venta del Charco, Torrecampo, El Guijo, Fernán Núñez, Peñarroya-Pueblonuevo, El Porvenir., Parroquia de San Acisco en Córdoba y ha sido y Capellán de la Comunidad de Hospitalarias de Jesús Nazareno de la Casa de Espiritualidad "Betania de Jesús Nazareno" (Córdoba).

Actualmente es Párroco de la Parroquia Ntra. Sra. de la Asunción (Palma del Río) y de la Parroquia de "San Miguel Arcángel" de Calonge. También es Capellán de las Hermanas Franciscanas de los Sagrados Corazones de Jesús y María (Palma del Río).

Ha publicado APRENDIZ DE POETAS, JARDINERO DE VERSOS, EMISOR DEL VIENTO, VERSOS A LO VIVO, , LUCES EN LA NOCHE, PALABRAS AL VIENTO, 100 CORREOS PARA ANA, Al HILO DE LA NOTICIA, MIRADA NUEVA, ESPARCIR TU FRAGANCIA.

DESEOS DE ETERNIDAD es un libro de poesías religiosas desde Jesucristo, el Salvador, el Dios con nosotros.

En Jesucristo se condensan las aspiraciones de los hombres de todos los tiempos, al tiempo que se plasman las esperanzas de siempre.

Estoy convencido que Jesucristo asume el dolor de los hombres en su propia cruz y recoge las ilusiones de todos los hombres en su propio martirio. Todos los poemas están llenos de oración, petición, clamor, rebeldía y confianza. Solamente así la fe personal dará respuesta a la vida de cada hombre y cada mujer.

Solamente te pediría que no tengas prejuicios y descubras que este libro es el resultado de un creyente que se pone en presencia del Misterio para alcanzar las cotas de la eternidad y ofrecerle los suspiros del mundo.